D1619488

Meinen beiden wunder-
baren Töchtern,
die mir jeden
Tag zeigen,
was im Leben
wirklich wichtig ist.

© 2020 Autorin: Stefanie Thieme
Mühlenstr. 8a, 14167 Berlin
www.faultiercharlie.de

Auflage: 1. Auflage
ISBN: 978-3-00-064132-9

Umschlaggestaltung, Illustration, Layout: Barbara Đokić
djokicbarbara4@gmail.com

1. Lektorat: Mentorium GmbH
2. Lektorat: Angela Perez-Pfletschinger
Druckerei: buchdruck.de, Xantener Straße 14, 10707 Berlin

Das Werk, einschließlich seiner Teile, ist urheberrechtlich geschützt. Jede Verwer-
tung ist ohne Zustimmung des Autors unzulässig. Dies gilt insbesondere für die
elektronische oder sonstige Vervielfältigung, Übersetzung, Verbreitung und
öffentliche Zugänglichmachung.

Stefanie Thieme

Faultier Charlie

**4 Geschichten für Groß und Klein
aus Charlies fantasievoller
Abenteuerwelt**

Einleitung

Ziemlich weit weg, jedenfalls weiter als du es dir vorstellst, gibt es einen Wald vor den Bergen, direkt neben einem See. Es ist ein besonders schöner Wald mit den verschiedensten Bäumen, einem Bach, grünen saftigen Wiesen und wilden Brombeeren. In diesem Wald steht ein kleines Haus mit Ziegeldach.

Hier lebt ein Faultier namens Charlie. Gleich nebenan steht noch ein Haus – fast genauso klein, aber viel ordentlicher. Dies ist das Haus von Fuchs Henry. Beide verbringen fast jede freie Minute miteinander.

Faultier Charlie ist gemütlich bis in die Fellspitzen. Manchmal ist er allerdings auch eifersüchtig und streitlustig, doch das macht ihn gerade so einzigartig. Die meiste Zeit trifft man Charlie in seiner Hängematte an. Hier döst er oft den halben Tag und träumt von köstlichsten Leckereien.

Sein bester Freund ist Fuchs Henry. Henry ist ein äußerst fleißiger Fuchs. Seine Hollywoodschaukel steht meist leer, denn er vertreibt sich die Zeit lieber mit Gartenarbeit. Mit den Äpfeln aus seinem Garten zaubert er den besten Apfelstrudel weit und breit. Aber nicht nur deswegen mag Charlie ihn so gerne. Ihm gefällt es, dass er sich auf seinen Freund jederzeit verlassen kann.

Und dann gibt es da noch Pinguin Kunibert. Der wohnt irgendwo in der Nähe. Wo genau, sagt er aber niemandem. Er genießt es, den ganzen Tag lang seine Ruhe zu haben. Trotzdem kann er es sich manchmal nicht verkneifen, Faultier Charlie zu piesacken und auf die Schippe zu nehmen.

Mach dir doch dein ganz eigenes Bild von Faultier Charlie und seinen Freunden in den folgenden vier Geschichten!

1. Wie Charlie sich eine Schnupfnase einfing

Eines regnerischen Herbstmorgens sitzt Faultier Charlie am Frühstückstisch und isst Brötchen mit Erdbeermarmelade. Immer wieder schaut er gelangweilt aus seinem Küchenfenster. „Schon wieder Regen", seufzt er, „und das schon seit geschlagenen fünf Tagen hintereinander." Dann läuft er ungeduldig vor dem Fenster hin und her. Soviel steht fest: Noch einen langweiligen Tag zu Hause hält Charlie heute nicht mehr aus.

„Fuchs Henry kommt mich schon seit Tagen, wenn nicht sogar Wochen oder Monaten, vielleicht sogar seit Jahren gar nicht mehr besuchen", bemerkt Charlie.

Normalerweise sehen die beiden sich beinahe jeden Tag. „Er hat scheinbar ganz schön viel Spaß ohne mich. Ja, vor lauter Spaß hat er mich wohl ganz vergessen!", meckert Charlie vor sich hin. Er beschließt, Fuchs Henry zu besuchen und seinem Ärger Luft zu machen.

Ohne Regenschirm will Charlie bei dem Wetter aber nicht aus dem Haus gehen. Es regnet wie aus Gießkannen. Charlie kann kaum bis zum Gartenzaun sehen. „Besser, ich finde auch noch meine Gummistiefel", denkt sich Charlie, der sich immer schnell erkältet, wenn er nasse Füße bekommt. Nach einer endlosen Suche findet er schließlich den Regenschirm unter dem Bett, aber von den Gummistiefeln keine Spur. Charlie hat nun keine Lust mehr weiterzusuchen. Er denkt sich, dass er den kurzen Weg heute auch mal ohne Gummistiefel gehen kann. Die Füße werden schon schnell wieder trocknen. Charlie läuft, so schnell wie ein Faultier eben laufen kann, rüber zu Fuchs Henry.

Während Charlie Henrys Haus betrachtet, wundert er sich: In keinem Zimmer ist Licht zu sehen und alle Fensterläden sind geschlossen. „Henry scheint gar nicht zu Hause zu sein. Da hätte er doch ruhig mal Bescheid sagen können", stellt Charlie verwundert fest. Die ganze Mühe war umsonst. Er hätte sich den Weg hierher sparen können. Charlies Füße sind schon patschnass und der Wind pfeift durch die Sträucher in Henrys Garten. Charlie bekommt eine Gänsehaut vom kalten Wind. Er friert und will gerade wieder gehen, da hört er im Fuchshaus ein Geräusch. Charlie klopft laut gegen die Haustür.

Einen Moment später macht Fuchs Henry recht verschlafen die Tür auf. Er hat einen dicken grauen Schal um den Hals gewickelt. Über den Schultern trägt er seine Kuscheldecke. Seine Nase trieft und Henrys Stimme ist ganz rau. „Tut mir leid Charlie; ich bin krank", hustet Fuchs Henry leise. „Wie kann ich dir helfen?" Charlie geht vorsichtshalber ein paar Schritte zurück, um sich nicht anzustecken. Ganz beschämt stellt er fest, dass seine Wut auf Fuchs Henry unbegründet war. Er ist nur nicht zu Besuch gekommen, weil er krank ist. Vor lauter Angst, sich anzustecken, will Charlie aber nicht länger mit Fuchs Henry plaudern. Charlie hält sich seine Hände vor den Mund und murmelt leise: „Schon gut. Ich gab ganz vergessen, dass ich noch eine Pastete im Ofen habe. Ach ja, und Wäsche aufhängen muss ich auch noch. Mach's gut." Charlie winkt noch, während er schon davonläuft. Fuchs Henry schaut ihm nur verwundert hinterher. Dann legt er sich zurück in sein Bett.

Wieder zu Hause angekommen, nimmt sich Charlie sein rotes Handtuch. Er trocknet sich die regennassen Füße ab. Auf dem gesamten Boden sind bereits nasse Fußspuren. Sein Fell ist sogar bis zu den Beinen nass. Schnell verkrümelt sich Charlie mit einer großen Dose Kekse in sein Bett, bis er irgendwann einschläft.

Am nächsten Morgen scheint Charlie die Sonne durch das Fenster ins Gesicht. Er verspürt ein leichtes Kratzen im Hals und ganz nass ist er auch. „Ist das Dach etwa schon wieder undicht?", wundert er sich. Charlie muss auf einmal ganz gewaltig niesen. Da wird es ihm schlagartig klar: Er ist krank! Der Herr Fuchs von nebenan hat ihn gestern mit Sicherheit angesteckt. „Vielen Dank auch, Henry", meckert er vor sich hin. Charlie beschließt, vorerst im Bett liegen zu bleiben. Aber die Bettdecke, das Bettlaken und das Kopfkissen sind noch ganz nassgeschwitzt. Zudem machen sich Hunger und Langeweile breit.

Charlie ist betrübt und fühlt sich allein. Mit letzter Kraft schleppt sich Faultier Charlie ins Wohnzimmer. Er lässt sich, noch viel langsamer als sonst, auf seinen Sessel plumpsen. „Tee, Suppe und ein Stückchen Kuchen würden mir bestimmt guttun. Das braucht man doch mindestens, um gesund zu werden", seufzt er leise. In Gedanken malt er sich einen leckeren Pflaumenkuchen mit den saftigen roten Pflaumen aus seinem Garten aus. Und obendrauf soll extra viel Zuckerguss sein.

Die Minuten verstreichen und Charlie wird immer hungriger und kränker. Mittlerweile scheint schon die Abendsonne zum Fenster herein. Es ist nichts zu hören außer dem Zirpen der Grillen. Alle Kekse aus allen Vorratsdosen sind schon lange verputzt und Charlie ist noch immer hungrig. Da klopft es unerwartet an der Tür. „Na endlich!", denkt sich Charlie. „Ich hoffe, dieser Jemand hat auch etwas zu Essen mitgebracht. Ein guter Besuch bringt nämlich immer etwas zu Essen mit. Das weiß doch jeder!"

Charlie schubst die Tür auf. Da steht Fuchs Henry. In einer Hand hat er einen Korb, gefüllt mit einem Topf Kartoffelsuppe und Charlies geliebten Dattelaprikosen. In der anderen Hand hat er noch einen kleinen Kuchen.

„Du warst gestern so schnell weg, deswegen wollte ich heute nach dir schauen kommen. Ist bei dir alles in Ordnung?", fragt Fuchs Henry. Da erinnert sich Charlie, wie er gestern vor Henrys Tür stand und pitschepatschenasse Füße bekommen hat. Charlie fragt sich, ob er überhaupt von Fuchs Henry angesteckt wurde oder ob er sich durch die nassen Füße erkältet hat.

„Ich bin krank!", seufzt Charlie mit traurigem Gesicht. „Ich habe alles zum Gesundwerden dabei: Suppe, Obst und Kuchen mit extra vielen Streuseln, so wie du es magst", sagt Fuchs Henry. „Und wenn du möchtest, kann ich dir noch etwas Gesellschaft leisten, damit du dich nicht so langweilen musst."

Beide setzen sich gemeinsam auf das Sofa und mummeln sich in Charlies gemütliche Kuscheldecke ein. Dann lassen sie sich die köstlichen Mitbringsel schmecken. Am nächsten Morgen fliegt ein Eichelhäher krächzend am Fenster vorbei.

Charlie wird wach und bemerkt, dass er und Fuchs Henry gestern gemeinsam auf dem Sofa eingeschlafen sind. „Zusammen krank sein ist doch viel besser als alleine", denkt sich Charlie. Er dreht sich auf die andere Seite und schläft noch eine Runde weiter.

2. WIE CHARLIES PANAMA-HUT VERSCHWAND

Die karminrote Sonne steigt wieder über den Horizont. Es ist morgens und Faultier Charlie erwacht allmählich aus seinen Träumen. Charlie steht auf, streckt sich und sieht dann an sich hinunter. Oh je, der Pyjama hat mehrere dutzend Flecken. Gestern Nacht beim Naschen in der Dunkelheit hat sich Charlie unbemerkt wohl ganz schön mit Schokolade beschmiert. Es ist Zeit für einen Waschtag. Charlie nimmt all seine schmutzigen Sachen, sein Waschfass und die Seife und trottet zum Bach. Ganz außer Atem kommt er dort an. Er füllt das Waschfass bis zum Rand mit Wasser und legt los: Zuerst wäscht er seine blaue Latzhose, dann seinen geliebten Panama-Hut, danach ein gestreiftes Geschirrhandtuch, noch ein rotes Badehandtuch und zu guter Letzt den geringelten Pyjama. Im Bach quakt eine Kröte vor sich hin. Charlies Hände sind schon ganz schrumpelig vom vielen Waschen. Da beschließt er, dass die Sachen nun sauber genug sind. Den Hügel hinauf, entlang der Birkenbäume, schlendert er wieder nach Hause.

Charlie will die nasse Wäsche im Garten aufhängen. Zwischen zwei Pflaumenbäumen spannt er eine Wäscheleine. Er legt zunächst alle Sachen über die Leine und den Hut auf einen großen Stein am Boden. „Mist, wo sind denn die Wäscheklammern?", fragt sich Charlie, während er sich umschaut. Aber er ist zu faul, um zu suchen. Lieber setzt er sich noch in seine Hängematte und genießt das schöne Wetter. Am Nachmittag zieht eine schwarze, drohende Wolkenwand auf. Dann regnet es wie aus Gießkannen. Charlie ärgert sich, weil die Wäsche nun noch ewig brauchen wird, bis sie trocken ist. Heute Nacht muss er wohl ohne seinen Pyjama schlafen. Als Charlie im Bett liegt, hört er noch lange dem Regen zu. Dann kommt auch noch Wind dazu. Der Wind braust so stürmisch, dass Charlies Fensterläden laut klappern und er kaum in den Schlaf findet. Irgendwann schläft Charlie aber doch endlich ein.

Am nächsten Morgen drängt sich die Sonne zwischen den Wolken hindurch. Charlie geht aus dem Haus und lässt sich die Sonnenstrahlen auf das Fell scheinen. „Herrlich", denkt er und genießt die frische Luft, die es nach einer regnerischen Nacht immer gibt.

Dann schaut sich Faultier Charlie im Garten um und ist geschockt. Im Garten herrscht Chaos! Die Harke liegt mitten auf der Wiese, einige Pflaumen sind vom Baum gefallen, das Vogelhaus ist zu Boden gestürzt und das ganze Futter verstreut. Auch Charlies Wäsche ist ringsherum im Garten verteilt. Und dann bemerkt er, dass sein liebster Panama-Hut weg ist.

Charlie eilt zu Fuchs Henry hinüber. In Henrys Garten ist es wie immer recht ordentlich. Da wird es Charlie klar: Bei ihm im Garten mussten Räuber gewesen sein! Charlie klingelt bei Fuchs Henry und hämmert gegen die Tür, während er ruft: „Bei mir wurde eingebrochen, Räuber waren da!" Fuchs Henry öffnet die Tür und Charlie erzählt von seinem geklauten Panama-Hut. Die beiden gehen in den Wald und machen sich auf die Suche. Hinter einem der vielen Bäume wird sich doch wohl Charlies Hut wiederfinden lassen.

Auf einem alten hohlen Eichenbaum sehen sie einen Schwarm Vögel sitzen. „Habt ihr Charlies Hut gesehen?"
Aber die Vögel schütteln nur mit dem Kopf und piepsen weiter wild durcheinander.
Auf der Wildblumenwiese treffen sie den Igel und fragen ihn: „Hast du Charlies Hut gesehen?"
Doch auch der Igel schüttelt den Kopf und sagt: „Nein."
Im hohen Gras hinter der Wildblumenwiese treffen Faultier Charlie und Fuchs Henry einen grasenden Esel. „Hast du Charlies Panama-Hut gesehen?", erkundigen sie sich.
Der Esel antwortet: „Was ist ein Panama-Hut?" Charlie erklärt: „Das ist ein ganz besonderer Hut – handgeflochten aus der Panama-Hut-Pflanze. Er ist mein liebster Hut. Ich trage ihn nur zu ganz besonderen Anlässen. Für die anderen Tage ist er nämlich zu schade."
„Ah, verstehe", antwortet der Esel, während er ein Büschel Gras kaut, „aber ich habe leider überhaupt keinen Hut gesehen."
Traurig und mit tief hängenden Köpfen gehen Faultier Charlie und Fuchs Henry weiter.

Oben im Kastanienbaum entdecken sie die Abendeule. Auf die Frage, ob sie Charlies Panama-Hut gesehen habe, antwortet die Eule: „Ja, das habe ich. Pinguin Kunibert hatte deinen Hut auf dem Kopf und lief damit quer durch den Wald."
„Bist du dir sicher?", fragt Charlie. „Dann wissen wir auch endlich, wer der Räuber ist! Kunibert hatte es doch schon einmal auf meinen Hut abgesehen. Jedes Mal ist er ganz grün vor Neid, wenn ich ihn aufhabe." Eilig gehen Charlie und Fuchs Henry weiter.

Ziellos suchen sie im Wald nach dem Pinguin. Keiner weiß genau, wo Kunibert wohnt. Gemeinsam überlegen sie, welche die liebsten Orte von Pinguin Kunibert sind. Oft sitzt er stundenlang am See. Charlie und Fuchs Henry suchen als erstes dort. Aber heute ist er nicht hier. Danach suchen sie ihn am Brombeerbusch. Aber auch hier ist Pinguin Kunibert nicht. Sie suchen ihn auch noch bei den Schwarzkiefern, bei den Haselnussbäumen, an der Waldlichtung und beim Hasenhügel. Nirgendwo können sie Kunibert finden.
Enttäuscht beschließen Faultier Charlie und Fuchs Henry, wieder nach Hause zu gehen.

Als sie dort ankommen, steht Pinguin Kunibert vor Charlies Haus – mit dem Panama-Hut auf dem Kopf. Er klopft ganz ungeduldig mit seinem Fuß auf den Boden und murrt: „Da bist du ja endlich. Stundenlang stehe ich mir hier schon meine Füße platt und warte auf dich."
Charlie schnappt sich seinen Hut und sagt ganz empört: „Du gemeiner Räuber!"
„Pass beim nächsten Mal besser auf deine Sachen auf!", entgegnet Kunibert. „Als der Wind den Hut an mir vorbei geweht hat, habe ich ihn sofort erkannt! Denn so einen seltsamen Hut trägt ja im ganzen Wald nur ein Tier." Da erinnert sich Charlie blitzschnell, wie er gestern zu faul war, die Wäscheklammern zu holen. Und den Hut hatte er zum Trocknen einfach nur auf einen Stein gelegt. Charlie will sich gerade bei Kunibert bedanken und sagt: „Tut mir leid Kunibert, aber..." Doch Pinguin Kunibert wartet Charlies Antwort nicht ab und watschelt mürrisch davon. Er murmelt noch vor sich hin: „Dieses einfältige, undankbare Faultier... Da hilft man schon mal und dann wird man als Räuber beschimpft? Unfassbar!" Fuchs Henry kann sich das Grinsen kaum verkneifen. Er zwinkert Charlie zu und verschwindet in sein Haus. Charlie ist froh, seinen Hut zurückzuhaben. Er setzt sich mit ein paar Dattelaprikosen in die Hängematte. Dann zieht er sich den Hut über die Augen und entspannt sich erst einmal nach diesem Schrecken.

3. WIE CHARLIE GANZ GELB WURDE

Dieses Jahr ist der Spätsommer herrlich warm. Die Sonne scheint und eine leichte Brise weht durch die Bäume des Waldes. Die Blätter rascheln leise im Wind und der Duft von Blüten liegt über den Wiesen.

Faultier Charlie döst gerade schaukelnd in seiner Hängematte vor sich hin. Plötzlich hört er, dass im Nachbargarten gearbeitet wird. Er wirft einen flüchtigen Blick über den Zaun und sieht Fuchs Henry, der seine Beete pflegt. Er hat dieses Jahr viel Obst und Gemüse angebaut und alles gedeiht prächtig. Auch Charlie hat ein Gemüsebeet, aber bei ihm wächst nur das Unkraut. Fuchs Henry gießt sorgfältig alle Pflanzen. Dann sammelt er die Schnecken von den Salatblättern ab und schneidet ein paar vertrocknete Zweige von den Buschtomaten weg. Während Henry noch das Unkraut rupft, ruft er plötzlich Charlie über den Gartenzaun zu: „Hey Charlie, willst du wieder ein paar Zucchini haben?"

Charlie nickt höflich und denkt sich: „Schon wieder Zucchini!?" Er hat schon die letzten drei Wochen jeden Tag von Fuchs Henry Zucchini bekommen. Denn Henry erntet so viele, dass er sie alleine gar nicht alle essen kann. Aber es sind nicht nur viele, sondern auch noch riesig große! Und unerhört verrückt sehen sie auch aus. Die sind nämlich gelb! Charlie hat schon alles Mögliche aus den Zucchini zubereitet: Zucchinisuppe, Zucchinipuffer, Zucchinisalat und sogar Zucchinikuchen. Aber Charlie fällt schon gar nichts mehr ein, was er damit noch machen kann. Außerdem hängen Charlie die Zucchini schon langsam zu den Ohren raus.

Freudig bringt Fuchs Henry einen ganzen Korb voller Zucchini zu Charlie und fragt: „Was zauberst du denn dieses Mal daraus?" Charlie zuckt gelangweilt mit den Schultern. Am Abend kocht er ein weiteres Mal einen großen Topf Suppe, um alle Zucchini auf einmal aufzubrauchen. Während des Kochens wird Charlie schon vom bloßen Geruch schlecht. Dennoch isst er fleißig alles auf und geht zu Bett.

Als Charlie am nächsten Morgen aufwacht und sich im Bad die Zähne putzt, bekommt er beim Blick in den Spiegel einen fürchterlichen Schreck. Er ist plötzlich ganz gelb geworden, wie eine riesige Zitrone! „Ich bin krank!", stellt Charlie erschrocken fest. „Wie werde ich nur wieder gesund? Und was habe ich überhaupt? Muss ich zu einem Arzt?", fragt er sich. Charlie muss vor lauter Aufregung hicksen. Und dann trifft es Charlie wie der Blitz: „Tante Gretchen hat doch mal davon erzählt, wie sie Gelbsucht hatte und sogar ins Krankenhaus musste." Auf keinen Fall will Charlie ins Krankenhaus.

Er legt sich zurück ins Bett und will schnell wieder gesund werden. „Hoffentlich sieht mich niemand so", denkt er, „die würden mich doch alle mächtig auslachen." Charlie verkriecht sich unter seiner Bettdecke und ruft: „Ich bin nicht da und will auch niemanden sehen!"

Fuchs Henry klingelt am Vormittag bei Charlie, denn sie haben sich schon lange nicht mehr gesehen – zuletzt gestern Morgen, als Henry die Zucchini vorbeigebracht hat. Doch niemand macht auf. Henry klingelt und klopft und wundert sich: „Charlie wird doch wohl nicht unterwegs sein?" Dann fällt Fuchs Henry Charlies vertrocknetes Gemüsebeet auf. Er füllt die Gießkanne unter dem Wasserhahn am Haus und gießt das Beet.

„Kein Wunder, dass hier nichts wächst, wenn Charlie so nachlässig gießt", murmelt Henry. Da öffnet sich ganz leise ein Fenster hinter ihm und ein großer Schwall Wasser trifft Henrys Rücken. Charlie hat wütend mit angehört, was Fuchs Henry gesagt hat. Und er hat beobachtet, dass Henry einfach durch seinen Garten gelaufen ist und nicht die Hände von seinen Pflanzen lassen kann. „Verschwinde und kümmere dich lieber um deine eigenen Sachen!", meckert Charlie. Fuchs Henry schüttelt sich und geht dann zurück in sein Haus. Zumindest ist Charlie nicht verloren gegangen, sondern ist zu Hause und hat scheinbar schlechte Laune.

Den Nachmittag über beobachtet Fuchs Henry den Garten von Charlie und wundert sich schon sehr, dass das Faultier den ganzen Tag im Haus sitzt.

Nach Sonnenuntergang wird es immer dunkler und es wird Zeit, die Lichter im Haus anzumachen. Die Grillen zirpen und das Mondlicht wirft einen hellen Glanz über den finsteren Wald. Fuchs Henry beobachtet noch immer Charlies Haus, aber da bleiben alle Zimmer dunkel. Mit einer Taschenlampe schleicht Fuchs Henry hinüber in Charlies Garten. Er öffnet leise und vorsichtig die Fensterläden und leuchtet in Charlies Fenster. Doch nirgends kann er das Faultier entdecken. Plötzlich gehen die Vorhänge vor dem Fenster zu! Fuchs Henry geht schnell weiter zum nächsten Fenster. Auch hier öffnet er die Fensterläden. Wieder gehen blitzartig die Vorhänge zu! Fuchs Henry wundert sich immer mehr, was mit Charlie los ist.

Als er wieder zurück zu seinem Haus gehen will, stolpert er über einen Korb voller Äpfel.
„Dieses Faultier kann aber auch nie Ordnung halten!", brummt Fuchs Henry vor sich hin und
humpelt weiter zu seinem Haus. Im Badezimmer sieht er sich seinen schmerzenden Fuß
genauer an. Henrys Zeh ist ganz blau geworden. Er bindet sich einen Verband um den Zeh
und geht ins Bett. Aber noch lange liegt Fuchs Henry wach und denkt darüber nach, wie er
Charlie morgen aus seinem Haus locken könnte.

Am nächsten Morgen trägt Henry eine große Leiter rüber in Charlies Garten. Er will unauffällig einen Blick in sein Schlafzimmer werfen. Es ist das einzige Zimmer, in dem die Vorhänge geöffnet sind. Fuchs Henry schielt ins Schlafzimmer und sieht Charlie in seinem Bett liegen.

Er sieht aber gar nicht mehr aus wie ein Faultier, sondern ist ganz gelb. Henry grinst bis über beide Ohren. Charlie blinzelt, als er aufwacht. Er traut seinen Augen kaum, als er Henry am Fenster stehen sieht. „Was guckst du denn hier einfach rein!?", meckert Charlie und lässt Fuchs Henry durch das Fenster hineinklettern.

Henry fragt kichernd: „Hast du überhaupt noch welche von meinen Zucchini übrig? Ich hoffe, du hast nicht alle auf einmal gegessen!" Charlie nickt verschämt, denn natürlich hat er alle aufgegessen. Henry erwidert nur grinsend: „Weißt du nicht mehr? Letzen Sommer, als ich zu viele Zucchini auf einmal gegessen habe und ganz gelb wurde?"

„Dann habe ich gar keine Gelbsucht?", fragt Charlie ganz erleichtert.

„Quatsch! Ich hoffe, für nächstes Jahr weißt du jetzt Bescheid", entgegnet Fuchs Henry. Beide schauen sich mit einem breiten Grinsen im Gesicht an und müssen laut lachen.

4. Wie Charlie über eine alte Erinnerung stolperte

„Heute ist Mittwoch. Oder so ähnlich…", brummt Faultier Charlie ganz gelangweilt vor sich hin. Eigentlich ist es aber auch egal. Charlie hat nämlich sowieso nichts Besonderes vor. Seit Sonntag hat er schon keinen Fuß mehr vor die Tür gesetzt. Ein eintöniger Tag reiht sich an den anderen. Er hat auch schon alle Kichererbsen im Vorratsschrank gezählt; es sind 180 an der Zahl. Charlie kennt mittlerweile jeden Staubkrümel auf seiner Vitrine, aber zum Saubermachen hat er keine besondere Lust. Stattdessen fällt Charlie der Dachboden ein. Wer weiß, welche ungeahnten Schätze sich dort verbergen. Oben auf dem Dachboden entdeckt Charlie, in einer schon ziemlich vergilbten Kiste, ein altes Fotobuch mit Kinderfotos von sich. Während er die Bilder betrachtet, fällt ihm auf, dass er sich völlig verändert hat. Von dem kleinen Faultier, das mit großen blauen Augen und strubbeligem Fell durch das Leben tapste, ist heute nicht mehr viel übrig. Nur die damals viel zu große Brille ist noch immer dieselbe.

Schnell sucht Charlie alle seine Pinsel und Farben heraus und findet sogar noch eine Leinwand. Er stellt sich vor den Spiegel und schaut sich ganz genau an. Ein ziemlich rundes Gesicht hat er. Zwei kleine Augen mit einem verschlafenen Blick, die sich hinter einer Brille verstecken. Einen riesigen Mund, der so groß ist, dass ganz viel Kuchen hineinpasst, und welcher seinem Gegenüber das schönste Grinsen entgegenbringen kann. Hellbraunes Gesichtsfell, das sich deutlich von der restlichen dunkleren Fellfarbe abhebt. Etwas schlapp herunterhängende Schultern, obwohl er stark genug ist, um auf die höchsten Bäume zu klettern. Große Krallen an Händen und Füßen, die ohne jegliches Zutun immer genau gleich lang bleiben. Und so gut wie immer trägt Charlie seine geliebte blaue Latzhose.

Charlie malt und malt, aber mit dem Ergebnis ist er gar nicht zufrieden. Sein Bild wird ihm einfach nicht gerecht, findet er. Da nimmt Charlie seine Malsachen und saust so schnell, wie er eben sausen kann, rüber zu Fuchs Henry. Noch ganz außer Atem fragt er ihn: „Kannst du ein Bild von mir malen?" Henry zieht die Schultern hoch und antwortet: „Ich kann es versuchen."

Zusammen gehen sie in den Wald
und suchen einen schönen Ort zum
Malen. Sie gehen vorbei an den
Pappeln und laufen quer durch
das hohe Gras. Dann finden die
Freunde vor den Schwarzkiefern
einen umgefallenen Baumstamm.
Auf diesen setzt sich Charlie.
Die Wiesen leuchten hellgrün,
ein Schwarm Gänse zieht
am Himmel vorüber und ein
Regenbogen schimmert hinter
Charlie am Horizont.

Fuchs Henry malt sehr konzentriert. Aber schon nach sieben Augenblicken wird es Charlie langweilig. Er schaut mal linksherum und mal rechtsherum. Dann lässt er sich die kühle Brise um die Nase wehen. Charlie beobachtet die Ameisen auf dem Baumstamm. Nach kurzer Zeit flüstert er: „Bist du endlich fertig?" Aber Henry antwortet: „Noch lange nicht."
Charlie sitzt weiter auf dem Baumstamm. Er fängt an, die Wolken am Himmel zu zählen. Wenn Charlie doch nur nicht so furchtbar ungeduldig wäre. Vom langen Sitzen auf dem unbequemen Baumstamm tut Charlie der Hintern weh. Den hat er sich schon ganz faltig gesessen. Und hungrig ist Charlie auch. Er angelt mit einer Hand nach den Berberitzen, die so einladend an den Sträuchern hinter dem Baumstamm hängen. Leider sind seine Arme etwas zu kurz und er fällt runter auf den matschigen Waldboden. Fuchs Henry kichert leise vor sich hin: „So ein Tollpatsch!" Bei so viel Langeweile und Hunger kann sich Charlie beim besten Willen nicht konzentrieren. „Ich brauche eine Pause!", verkündet er feierlich. „Nur zu", erwidert Fuchs Henry nickend. Er ist weiterhin ganz vertieft in seine Zeichnung.

Charlie schaut in der Gegend herum und entdeckt zwischen den Kiefern und dem Sauerklee einen Busch voll mit Brombeeren. Charlie läuft ein paar Mal vor und ein paar Mal zurück. Danach ein paar Mal nach links und ein paar Mal nach rechts. Dann schleicht er ganz leise zum Brombeerbusch und will schnell alle Brombeeren alleine naschen. Denn wenn er diese mit Fuchs Henry teilen muss, wird Charlie doch gar nicht satt. Immerhin hat er den Strauch auch zuerst entdeckt. Charlie schmatzt die erste Brombeere. Sie ist zuckersüß. Gierig angelt er nach weiteren Beeren und stopft sich alle auf einmal in den Mund. Beim Pflücken sticht sich Charlie immer wieder an den Stacheln des Brombeerbusches. Autsch! Um an die saftigsten Brombeeren ganz oben heranzukommen, muss sich Charlie ganz schön lang machen. Er stellt sich auf die Zehenspitzen, verliert plötzlich das Gleichgewicht und purzelt mitten in den Brombeerbusch. Plumps! „Au, au, au...", flüstert er leise, damit Fuchs Henry nichts bemerkt. Er schnappt sich noch die letzten Brombeeren, stopft sie sich alle in den Mund und schlurft langsam zurück.

„Na Charlie, war deine Pause erholsam?", fragt Fuchs Henry kichernd. Faultier Charlie ist voller Brombeerflecken. Fast das ganze Gesicht und sogar der Bauch und der Rücken sind beschmiert. Ein paar Brombeerbuschstacheln stecken auch noch in Charlies Fell.
„Ja", brummt er nur und sieht gar nicht zufrieden aus. „Ich bin schon so gut wie fertig", sagt Henry und malt noch schnell diese und jene Kleinigkeit in sein Bild. Er zeigt Charlie das fertige Portrait. Charlie staunt und macht große Augen. „Ich bin ja voller Flecken!", stellt er ganz entsetzt fest. „So siehst du eben aus. Du hast wohl Brombeeren genascht." Charlie nickt beschämt und antwortet: „Ich wollte dich nicht unterbrechen, du warst so vertieft ins Malen und dann waren plötzlich auch schon alle Brombeeren aufgegessen." Fuchs Henry zieht Charlie noch die Stacheln aus dem Fell und sagt: „Nicht so schlimm."
Mit den Malsachen und dem fertigen Portrait unterm Arm schlendern die Freunde gemütlich wieder nach Hause. Charlie flüstert leise: „Magst du noch zum Abendessen bleiben?" „Und du kochst?", fragt Fuchs Henry. „Gerne", sagt Charlie, „aber nur, wenn du uns deinen köstlichen Apfelstrudel als Nachtisch machst."
Henry legt wohlwollend seinen Arm um Charlie, klopft ihm sanft auf die Schulter und sagt: „Mit dir gibt es immer etwas zu erleben."